Écrire pour Envoûter les Lecteurs

L'ART DE RACONTER DES HISTOIRES IRRESISTIBLES

ANNA KATMORE

Écrire pour Envoûter les Lecteurs

Conception de la couverture : Anna Katmore

www.annakatmore.com

Table des matières

Cher écrivain

Les préfaces passent souvent inaperçues, mais si vous êtes encore là, permettez-moi de faire en sorte que votre temps en vaille la peine.

Tout d'abord, félicitations ! Le simple fait d'ouvrir un guide sur l'écriture – qu'il s'agisse du mien ou d'un autre – démontre votre volonté de perfectionner votre art. Écrire demande une étincelle de talent, certes, mais c'est avant tout une compétence, mieux encore, une profession qu'il faut apprendre à maîtriser. Il existe des techniques que les débutants ignorent souvent, mais ces techniques peuvent faire toute la différence entre une histoire qui captive et une autre qu'on oublie. Prenons une comparaison audacieuse : aucun chirurgien n'effectue une appendicectomie dès son premier jour. Ils étudient, s'exercent et pratiquent jusqu'à pouvoir opérer avec habileté et assurance.

Peut-être rêvez-vous de décrocher le gros lot avec votre première publication, de créer un best-seller dès le départ. Et c'est tout à fait possible ! Je le sais, parce que je l'ai vécu. Mais voici la vérité : avant ce succès fulgurant, j'ai passé des années à écrire, réécrire et à dévorer toutes les ressources sur l'écriture que je pouvais trouver. J'ai participé à une multitude d'ateliers et écrit trois romans entiers qui n'ont jamais vu le jour. Ces premiers projets n'étaient pas des échecs – c'étaient des apprentissages. Chacun m'a offert des leçons inestimables sur l'art de raconter une histoire.

Au fil du temps, j'ai atteint un niveau où mon style d'écriture était à la fois fluide, captivant et commercialisable. Lorsque j'ai finalement publié mon premier livre, j'ai été récompensé par une communauté de lecteurs qui n'a cessé de grandir. Aujourd'hui, j'écris des romans de fantasy et de romance pour jeunes adultes, j'anime des ateliers et je propose du coaching personnalisé aux écrivains en herbe. La création de ce guide m'est apparue comme une étape naturelle et évidente.

Alors, sans plus attendre... plongeons ensemble dans l'aventure !

Un début parfait

Une histoire bien construite ne commence pas toujours par le commencement. En réalité, s'attarder sur une introduction longue et détaillée est souvent une erreur. Évitez les descriptions interminables de paysages ou les efforts excessifs pour instaurer une ambiance. Plongez directement dans l'action. Plus votre histoire démarre rapidement, plus il sera facile d'emporter votre lecteur.

Accélérez votre récit jusqu'au moment où survient le premier événement marquant. Fermez les yeux et visualisez la scène : que se passe-t-il ? À quel moment la tension atteint-elle son paroxysme ? C'est là votre point d'entrée.

Peu importe si le lecteur ne sait pas encore qui sont les personnages ni où ils se trouvent. Ces éléments se dévoileront naturellement au fil du récit. Votre priorité absolue est d'accrocher votre public dès les premières lignes. Cela commence par un paragraphe d'ouverture percutant – ou mieux encore, une première phrase inoubliable.

Un échange de dialogue vif et incisif peut faire des merveilles. Si votre personnage est seul, exploitez ses pensées intérieures pour créer une tension palpable. Une autre technique efficace consiste à condenser le thème central de votre livre en une seule phrase percutante – une phrase qui laisse entrevoir le voyage à venir. Rendez-la intrigante, mais veillez à rester en harmonie avec votre genre.

Si votre scène d'ouverture est riche en action, révélez les détails avec parcimonie. Plongez le lecteur dans l'instant comme s'il venait d'être projeté au cœur de la scène. Pas besoin de formalités, comme décrire la météo ou l'agencement d'un porte-manteau. Faites-le entrer directement dans le vif du sujet : pas de contexte superflu, pas d'exposition explicative, pas de préambule. Chaque phrase doit construire sur la précédente, entraînant le lecteur toujours plus profondément dans le déroulement des événements.

Un début percutant ne se contente pas de poser le décor – il capte l'attention et promet au lecteur une expérience inoubliable.

Le développement des personnages

Un livre puise sa vie dans ses personnages. Plus ils sont tridimensionnels, plus ils captivent vos lecteurs. Votre objectif : donner tant de relief à vos personnages que, lorsque l'histoire s'achève, les lecteurs aient l'impression de les connaître depuis toujours.

Insufflez de la vie à vos personnages par leurs mouvements. S'ils restent immobiles ou figés, ils risquent de sembler aussi inanimés que des figurines en carton. De petits gestes, des expressions fugaces rendent vos personnages plus vivants. Ces détails permettent au lecteur de ressentir leur présence, comme s'il les observait directement dans la pièce. Vous pouvez également utiliser des actions spécifiques pour traduire des émotions sans avoir besoin de les nommer explicitement.

Considérez ces petits gestes du quotidien :

- Se gratter le nez
- Passer une main dans ses cheveux
- Basculer d'un pied sur l'autre
- Creuser distraitement le sol avec la pointe de sa chaussure
- Pincer ou serrer les lèvres
- Croiser les bras
- Hausser les sourcils
- Sortir un paquet de chewing-gum ou de bonbons
- Siffler doucement entre ses dents
- S'essuyer le nez d'un revers de main
- Se masser les tempes
- Lever les bras au ciel avec exaspération
- Jouer avec des objets posés sur une table
- Et bien d'autres encore.

Pour décrire plus efficacement les expressions faciales, placez-vous devant un miroir. Reproduisez les expressions que votre personnage pourrait afficher, puis décrivez-les avec autant de réalisme que possible.

Voici une règle d'or pour introduire de nouveaux personnages :

Dès les premières pages, intégrez au moins six détails personnels sur votre personnage principal. Cela peut aller de son dentifrice préféré à sa pointure, en passant par son émission télévisée favorite. Ces détails permettent au lecteur de se forger une image nette et de s'identifier plus facilement au personnage.

Ce principe s'applique également aux personnages secondaires importants, mais pas aux figures de passage comme un portier, un facteur ou un vendeur. Les personnages majeurs doivent exister pleinement dès leur apparition, car les lecteurs souhaitent les découvrir rapidement.

Les éléments essentiels à inclure sont l'âge, la couleur des cheveux, la silhouette et les vêtements. Il est frustrant pour un lecteur d'imaginer une héroïne aux cheveux noirs courts pendant trois chapitres, pour apprendre ensuite qu'elle arbore en réalité une chevelure flamboyante et bouclée. Posez ces bases dès le départ, tout en situant l'action dans un cadre précis (moment de l'année, heure de la journée).

Cependant, ne vous contentez pas d'énumérer ces attributs. Intégrez-les de façon fluide dans le récit. Lorsque vous décrivez l'apparence, ajoutez des éléments qui montrent comment ces détails influencent le personnage ou ses interactions. Cette méthode évite les « blocs d'information » maladroits (ces paragraphes denses et peu naturels) et favorise un développement organique des personnages.

Pour éviter d'oublier des détails, il peut être utile de créer une fiche pour chaque personnage, avec des informations clés : couleur des cheveux et des yeux, taille, âge, préférences, voire histoire familiale. Avec une galerie de personnages conséquente, ces informations sont faciles à oublier, et fouiller dans le manuscrit devient vite fastidieux.

LE POINT DE VUE (PDV)

Le PDV, ou Point de Vue, désigne la perspective narrative.

Commencez par choisir la perspective qui convient le mieux à votre histoire. Allez-vous écrire à la première personne, comme si le narrateur s'exprimait directement (« je »), ou à la troisième personne, en décrivant les événements concernant « il » ou « elle » ?

Ces deux perspectives sont tout aussi viables sur le marché. Certains lecteurs ont leurs préférences, mais le choix dépend surtout de votre aisance. Cela dit, la première personne est de plus en plus populaire dans les romans destinés aux jeunes adultes et dans les romances. Cette perspective, proche du journal intime, offre une immersion profonde et rend l'expérience plus personnelle pour le lecteur.

Quelle que soit votre option, une règle essentielle demeure : restez dans le champ sensoriel de votre narrateur. Ne décrivez que ce que votre personnage peut percevoir à l'instant donné.

Par exemple, si votre protagoniste tourne le dos à une porte et que quelqu'un entre, il ne peut pas savoir qui c'est sans un indice sonore ou visuel.

Incorrect : La porte s'ouvre derrière moi, et Amy entre.

Correct : J'entends la porte s'ouvrir derrière moi, suivie de pas légers. À ce « bonjour » familier, je reconnais la voix d'Amy sans me retourner.

Le même principe s'applique aux événements invisibles, comme des objets qui tombent derrière le personnage ou des voitures passant hors de son champ de vision. Limitez-vous à ce que le personnage peut voir, entendre, sentir ou ressentir. Dépasser ces limites revient à utiliser le PDV omniscient, où le narrateur sait tout. Bien que ce style puisse être efficace dans certains cas, il crée une distance entre le lecteur et le personnage, diminuant souvent l'immersion.

Si votre histoire alterne entre plusieurs points de vue, veillez à signaler clairement chaque transition. Débutez un nouveau chapitre pour chaque PDV ou insérez un symbole de coupure de scène, comme ***.

Évitez absolument le « head-hopping ». Cette erreur – changer de perspective dans une même scène sans avertissement – désoriente les lecteurs et brise leur immersion. Maintenir des frontières nettes entre les PDV garantit une narration cohérente et captivante.

MONTREZ, NE RACONTEZ PAS !

Devenir écrivain ne se limite pas à inventer une bonne histoire ; c'est aussi la raconter de manière captivante et immersive.

Le principe de « Montrez, ne racontez pas » est l'un des piliers de l'écriture, bien qu'il puisse sembler complexe à appréhender pour les débutants. En résumé, il s'agit de montrer des actions et des détails au lieu de simplement résumer les événements.

Raconter permet de transmettre rapidement des informations essentielles. Cela offre les faits nécessaires, mais ne crée pas d'image mentale vivante. Le lecteur sait ce qui s'est passé, mais il lui manque la dimension sensorielle : ce que la scène aurait pu évoquer en termes de sensations, de sons ou de parfums.

Montrer, en revanche, invite l'auteur à peindre une image précise et évocatrice dans l'esprit du lecteur. Bien exécuté, cela transforme l'histoire en un véritable « film mental », plongeant le lecteur dans une immersion totale. Voilà où réside la véritable magie de la narration.

Pour « montrer », privilégiez des verbes précis et puissants, tout en limitant l'usage excessif des adverbes.

Au lieu de : Il sortit en colère.
Essayez : Il claqua violemment la porte en sortant. / Il ouvrit la porte d'un geste brusque et dévala les escaliers.

Au lieu de : Elle répondit d'un ton grognon.
Essayez : Elle grogna. / Elle marmonna entre ses dents.

L'objectif est d'exprimer les émotions (faim, tristesse, joie, colère, amour, etc.) et les états d'âme à travers des expressions faciales, des gestes, des actions, des pensées ou des dialogues – sans nommer explicitement l'émotion.

Exemple 1

Raconter : Ma sœur était malade ce matin-là.

Montrer : En entrant dans la chambre de ma petite sœur ce matin-là, une odeur âcre de sirop contre la toux m'a immédiatement frappé. Sur sa table de chevet, une spatule en bois laissée par le médecin reposait à côté d'un emballage froissé de comprimés contre la fièvre. Sarah était assise, calée contre ses oreillers, se mouchant bruyamment dans un mouchoir qu'elle froissa avant de le jeter dans la poubelle débordante.

Son nez rouge et irrité tranchait sur son teint blafard, tandis que ses yeux gonflés clignaient péniblement. Les pointes jaunes de ses chaussettes tricotées dépassaient sous la couette.
« Maman m'a demandé de te rapporter un verre d'eau », marmonnai-je en remontant le col de mon pull sur mon nez pour me protéger des microbes.

Exemple 2

Raconter : Après une dispute avec son ex-petite amie, il monta dans sa voiture et partit, furieux.

Montrer : « Putain de garce ! » rugit-il tandis qu'elle pivotait sur ses talons aiguilles, s'éloignant avec l'élégance glaciale d'un mannequin sur un podium.
Il arracha la portière de sa Toyota noire avec un geste sec, se laissant tomber lourdement sur le siège conducteur, les mâchoires serrées. Pourquoi avait-il accepté de revenir ici ? Il la connaissait trop bien pour ignorer qu'il aurait dû rester loin.

« Merde ! » pesta-t-il en frappant violemment le volant, au point de faire vaciller l'aiguille du compteur derrière le verre. Ses mains tremblaient lorsqu'il enfonça la clé dans le contact. Le moteur rugit immédiatement, un bruit sourd et impatient.

Les pneus crièrent quand il écrasa la pédale d'accélérateur, propulsant la voiture en avant. Une traînée de fumée âcre marquait son passage, mais il s'en moquait. Peu importait qui entendait le vacarme ou voyait sa voiture filer à toute allure dans la rue, largement au-delà de la limite autorisée.

Le dialogue

Un dialogue bien écrit est indispensable, quel que soit le genre – horreur, fiction historique, comédie ou romance. Il peut insuffler du caractère et de la profondeur à votre récit, ou au contraire, le rendre plat et artificiel.

Ce que vos personnages disent – ou choisissent de ne pas dire – a une importance capitale.
Pour être efficace, un dialogue doit toujours remplir au moins l'un des objectifs suivants :

- Faire avancer l'intrigue
- Définir les personnages
- Illustrer un point clé

Cela semble simple, n'est-ce pas ? Avec un peu de pratique, ça peut le devenir. Mais nombreux sont les débutants qui tombent dans un piège classique : insérer des conversations creuses. Par exemple, faire demander à Harald à sa sœur quel temps il fait n'apporte rien à l'histoire. Évitez les échanges qui n'ont ni but ni substance. Chaque réplique, même succincte, doit posséder une signification plus profonde. Un dialogue doit provoquer une réaction émotionnelle ou révéler un élément important. Les bavardages de surface n'ont pas leur place dans votre roman.

Naturel, mais pas trop réaliste

Un dialogue doit sembler naturel, mais il ne doit pas refléter exactement les conversations du quotidien. Dans la vie réelle, les gens digressent ou se répètent souvent, mais un excès de réalisme dans un roman risque de lasser vos lecteurs. Par exemple :

« Oh mon Dieu, il vient aussi à la fête ? ! Mais qu'est-ce que je vais porter ? Mon Dieu, je dois absolument acheter une nouvelle robe ! Je ne peux pas remettre une tenue qu'il a déjà vue. Oh mon Dieu, oh mon Dieu, oh mon Dieu ! »

Même si cela reflète une vraie conversation, c'est fastidieux dans un livre. Après le troisième « Oh mon Dieu », vos lecteurs risquent de commencer à sauter des lignes. Trouvez un équilibre : un dialogue authentique, mais concis. Réservez les phrases dramatiques ou les jurons pour des moments de véritable tension ou d'émotion intense, et utilisez la répétition avec parcimonie et intention.

Donner de la profondeur au dialogue

Un dialogue réussi dépasse les simples échanges verbaux. Il peut révéler ou dissimuler les motivations d'un personnage, annoncer subtilement des événements futurs, ou refléter des conflits sous-jacents.

- **Motivations :** Laissez transparaître ce qui anime un personnage dans une situation donnée à travers ses choix de mots. Quelles pensées le traversent ? Quels motifs cachés pourraient l'influencer ? Évitez d'être trop explicite ; jouez sur les allusions ou les reformulations subtiles.
- **Préfiguration :** Un dialogue bien pensé peut éveiller l'anticipation. Glissez des indices sur ce qui est en jeu sans tout dévoiler. Cela maintient l'intérêt du lecteur jusqu'à ce que le dénouement provoque un « Ah, voilà ! » satisfaisant.
- **Conflit :** Le conflit est l'élément vital de toute histoire. Utilisez le dialogue pour amplifier la tension, exposer des émotions ou laisser entrevoir des désaccords tacites. Que vous écriviez une romance ou un thriller, cela enrichit le récit et intensifie son impact.

Les pièges à éviter

Dialogues rigides ou trop formels :

Lisez vos répliques à voix haute. Si elles sonnent faux ou exagérées, réécrivez-les. Les gens utilisent rarement une grammaire parfaite dans les conversations informelles. Introduisez des expressions familières, raccourcissez les phrases, ou inventez des tournures propres à vos personnages.

Rigide : « Est-ce que tout va bien, mon ami ? »
Naturel : « Ça va, mec ? »

Voix homogènes :

Chaque personnage doit avoir une façon de parler qui lui est propre. En tant qu'auteur, vous créez toutes les répliques, ce qui peut parfois donner l'impression que vos personnages parlent de manière identique. Pour éviter cela, immergez-vous dans leurs personnalités. Attribuez-leur des traits distinctifs dans leur langage : l'un peut toujours appeler ses amis par leur nom de famille, un autre préférer les surnoms, ou encore utiliser des expressions spécifiques à son milieu.

En général, les hommes tendent à employer des phrases plus courtes, à jurer davantage, et à éviter les discussions émotionnelles. À l'inverse, les femmes peuvent s'exprimer de manière plus élaborée. Si un personnage a une expression favorite ou une manière particulière de s'exprimer, faites-en sa signature. Rien n'est plus lassant qu'un héros et une héroïne qui jurent de la même foutue façon.

L'abus des prénoms :

Évitez de répéter sans cesse les noms des personnages dans un dialogue. Par exemple :

« Où es-tu, Laura ? »

« J'arrive, Stefan. »

« Dépêche-toi, Laura. »

Les actions des personnages et le contexte de la scène doivent suffire à indiquer qui parle. Réservez l'usage des prénoms aux moments d'intensité émotionnelle ou pour clarifier qui est au centre de la conversation.

Les actions renforcent le dialogue

Des actions bien choisies peuvent remplacer les tags répétitifs comme « dit-il » ou « répondit-elle ». Si vous intégrez efficacement des gestes ou des descriptions dans vos scènes, le lecteur comprendra naturellement qui s'exprime.

Par exemple :
« Je n'y crois pas », dit-elle.

Peut devenir :
Elle referma le livre d'un coup sec. « Je n'y crois pas. »

Évitez d'écrire plus de trois lignes de dialogue consécutives sans insérer d'actions ou de descriptions. Cela ancre le lecteur dans la scène, lui permettant de visualiser l'espace, les mouvements des personnages et leur état d'esprit.

La mise en forme des dialogues

Une mise en forme soignée est essentielle pour garantir la clarté. Lorsqu'un personnage parle, son dialogue doit être présenté dans un paragraphe distinct. Même si une action interrompt brièvement la réplique, elle doit rester dans le même paragraphe. En revanche, dès qu'un autre personnage prend la parole, commencez un nouveau paragraphe.

Ne regroupez jamais les dialogues de plusieurs personnages dans un seul paragraphe : cela engendre de la confusion. Une mise en page claire rend vos dialogues plus fluides, tout en renforçant la dynamique et la profondeur de votre récit.

Techniques pour enrichir les conversations de vos personnages

Le sarcasme

Le sarcasme est une arme élégante pour exprimer une pique – lorsqu'il correspond à la personnalité du personnage. Par exemple, une reine ne s'abaisserait probablement pas à l'utiliser, mais un antagoniste rusé pourrait s'en servir avec mordant.

Exemple

TONY : Liza et le foot ? Autant apprendre à un éléphant à danser.

CHLOÉ : L'éléphant a tout pigé.

LIZA (à Chloé) : J'ai essayé de me faire vomir une fois, en troisième. Mais c'est sans doute plus ton truc.

Écrire un bon sarcasme n'est pas facile, et cette technique ne convient pas à tous les personnages. Le sarcasme est souvent un trait de caractère naturel, plutôt qu'une aptitude acquise. Si cela ne vous vient pas spontanément, mieux vaut s'en abstenir – les lecteurs sentiront si c'est forcé.

L'esprit vif

Une répartie cinglante ou une réplique intelligente peut transformer un dialogue banal en un moment mémorable. En règle générale, la première ligne d'un échange doit être forte, mais la réponse doit surpasser l'originale en ingéniosité.

Exemple (tiré de ***Gilmore Girls*** – un appel téléphonique) :

LORELAI : Cette robe est trop vulgaire !

LA MÈRE : Ce n'est pas la robe, mais la femme qui la porte...

LORELAI : Oh, la connexion est coupée – la maison traverse un tunnel !

Le double sens

Le double sens consiste à créer une réplique ayant deux significations distinctes, souvent en jouant sur une ambiguïté ou un jeu de mots subtil. Cette technique est particulièrement efficace dans les scènes légères ou humoristiques, ou pour ajouter une touche d'esprit.

Exemple (tiré de ***Le Silence des agneaux***) :
HANNIBAL LECTER : J'aimerais discuter plus longtemps, mais... je reçois un vieil ami pour dîner.

Un double sens bien placé peut susciter l'intrigue et la réflexion, tout en enrichissant la scène d'une profondeur supplémentaire. Lorsqu'il s'inscrit dans le ton général du récit, il peut éveiller l'imagination du lecteur et ajouter une note de finesse au dialogue.

Exagération et litote

L'ironie peut être utilisée de deux manières : en amplifiant un événement à l'excès ou, au contraire, en minimisant son importance. Par exemple, « Houston, on a un problème » est une litote d'une puissance remarquable, qui communique une gravité sous-jacente avec une simplicité déconcertante.

Conseils pratiques

En maîtrisant ces techniques, vos dialogues gagneront en dynamisme et en originalité, tout en offrant une profondeur supplémentaire à vos personnages et à votre récit. Les conversations deviendront alors des moments clés, qui capteront et retiendront l'attention du lecteur.

LE CONFLIT

Le conflit est le moteur de toute histoire. Sans lui, un récit risque de devenir une suite monotone de scènes « agréables » qui n'éprouvent pas les personnages et n'accrochent pas le lecteur.

Mais qu'est-ce que le conflit exactement ?

Au cœur, le conflit survient lorsque les objectifs, les valeurs ou les désirs d'individus ou de groupes s'opposent, générant une tension qui propulse l'intrigue. Cela peut aller d'une simple hésitation sur une décision personnelle à une bataille épique entre le bien et le mal.

Dans la fiction, le conflit se décline généralement en deux grandes catégories :

- **Conflit interne :** Les luttes intérieures d'un personnage – face à ses peurs, ses défauts ou ses dilemmes moraux.
- **Conflit externe :** Les obstacles issus de forces extérieures – un antagoniste, des pressions sociales ou des défis physiques.

Conflit interne

C'est là que se trouve l'âme de votre histoire. Le conflit interne permet aux lecteurs de se connecter intimement avec vos personnages en les voyant affronter leurs démons intérieurs ou évoluer émotionnellement. Pensez à Ebenezer Scrooge dans *Un chant de Noël* : son voyage ne concerne pas des batailles épiques, mais la transformation de son propre cœur. Le passage d'un avare glacial à un homme compatissant donne à cette histoire sa dimension intemporelle et émouvante.

Conflit externe

Le conflit externe apporte rythme et enjeux au récit. C'est ce qui maintient les lecteurs en haleine. Prenez Harry Potter : son parcours est jalonné d'aventures périlleuses, de la lutte contre des sorciers noirs à la protection de ses amis. Pourtant, bien que l'intrigue repose sur ces défis extérieurs, c'est l'évolution émotionnelle de Harry – son courage, sa loyauté, sa résilience – qui rend l'histoire inoubliable.

Les conflits externes sont souvent le catalyseur de la croissance intérieure, ajoutant ainsi de la profondeur à l'histoire et aux personnages.

L'arc du conflit :

1. **Introduction du conflit :** Les personnages découvrent ce qui est en jeu.
2. **Montée en tension :** Les obstacles et les revers s'accumulent, augmentant la pression.
3. **Climax :** L'affrontement décisif où tout se joue.
4. **Résolution :** Les intrigues se dénouent, et les personnages émergent transformés.

Le lecteur vit cet arc de manière émotionnelle. Il doit ressentir la montée de la tension, vibrer au moment du climax, puis éprouver un soulagement cathartique lors de la résolution. Sans conflit, le lecteur reste indifférent, privé du voyage émotionnel qu'il attend.

Si votre récit manque de conflit, il manque de but. Posez-vous ces questions : Quels sont les enjeux ? Pourquoi les lecteurs tourneraient-ils la page ? Si vous ne trouvez pas de réponse, c'est le moment de repenser votre intrigue.

L'INTRIGUE

L'intrigue, c'est la structure qui donne forme à votre histoire – un mélange subtil d'imagination et de planification. Pensez-y comme à la carte de votre roman. Que vous soyez du genre à tout planifier dans les moindres détails ou à plonger dans l'écriture sans filet, l'intrigue donne une direction à votre récit.

Certain·es auteur·rices travaillent comme des architectes, élaborant des plans précis. D'autres préfèrent s'aventurer à l'aveuglette, découvrant leur histoire au fil de l'écriture. Les deux approches sont valides, et il n'y a pas de « bonne » méthode – seulement celle qui vous convient.

Conseils pour élaborer une intrigue :

- **Plans ou listes de points-clés :** Élaborez une feuille de route. Notez les moments clés ou résumez vos chapitres pour garder une vue d'ensemble.
- **Laissez de la place à la flexibilité :** Vos personnages auront parfois des idées bien à eux, détournant l'intrigue vers des directions inattendues. Accueillez ces surprises – elles prouvent que votre histoire est vivante.

Le secret de l'intrigue :

Peu importe à quel point vous planifiez, votre histoire évoluera.

Vos personnages pourraient s'exprimer ou agir de façons que vous n'aviez pas prévues. Une intrigue secondaire que vous pensiez mineure pourrait se révéler centrale. Cette imprévisibilité n'est pas un échec – c'est de la magie.

Imaginez par exemple que vous avez prévu une histoire où une protagoniste timide découvre l'amour. Mais au fil de l'écriture, vous réalisez que son parcours parle davantage de la découverte d'elle-même que de romance. Suivez cette intuition. Elle conduit souvent à des récits plus riches et authentiques.

Si vous vous sentez bloqué·e, retournez à votre intrigue. Le conflit est-il assez fort ? Les enjeux sont-ils convaincants ? Parfois, ajuster l'intrigue suffit à ranimer l'inspiration.

Rappelez-vous : le produit final n'a pas besoin de correspondre exactement à votre plan initial. Certaines des plus grandes histoires ont surpris même leurs auteur·rices. Faites confiance au processus et laissez votre récit trouver son chemin.

PROLOGUE ET ÉPILOGUE

Une question fréquente lors de mes ateliers est : *Faut-il inclure un prologue ou un épilogue ? Les lecteurs s'attendent-ils à en trouver un ?*

Le prologue

Un prologue peut être utile lorsque vos lecteurs ont besoin de connaître des éléments essentiels sur le passé de vos personnages ou l'univers de votre histoire – des informations cruciales pour comprendre le récit. Ces éléments ne s'intègrent parfois pas naturellement dans la narration principale et risqueraient d'en perturber le rythme s'ils étaient introduits plus tard sous forme de flashbacks.

Pourquoi ne pas utiliser des flashbacks ?

Bien que les flashbacks puissent être efficaces, ils ont un inconvénient majeur : ils interrompent le flux narratif. Imaginez que vous avez habilement plongé vos lecteurs dans l'histoire, les rendant totalement absorbés par les événements présents. Un flashback soudain les ramène dans le passé, les obligeant à ajuster leur compréhension. Puis, avant qu'ils ne s'habituent pleinement à ce nouveau contexte, ils sont à nouveau propulsés dans le présent.

Ces allers-retours peuvent être particulièrement déroutants si les flashbacks sont nombreux, fragmentant ainsi davantage la narration. À l'inverse, un prologue bien conçu peut résumer ces événements passés essentiels, établissant le contexte nécessaire sans briser le rythme de l'histoire.

Conseils pour écrire un prologue efficace :

- **Rendez-le pertinent :** Limitez-vous aux événements absolument nécessaires à la compréhension de votre récit. Bannissez les détails superflus qui pourraient ralentir votre lecteur.
- **Terminez sur une note intrigante :** Concluez votre prologue sur un moment de suspense ou une question ouverte. Cela attisera la curiosité du lecteur et rendra le lien avec l'histoire principale encore plus percutant.
- **Laissez de la place au mystère :** Ne révélez pas tout dans le prologue. Gardez des éléments en réserve pour les développer dans la narration principale.
- **Choisissez une longueur mesurée :** Un prologue efficace doit compter entre 2 et 10 pages de livre. Il devrait être aussi court ou plus court que vos chapitres habituels.

Enfin, traitez votre prologue avec autant de soin que le reste de votre roman. Faites vivre vos personnages, rendez-les tangibles, et montrez les événements de manière immersive plutôt que de simplement les résumer.

L'épilogue

Dans mon expérience d'auteure de romance, l'épilogue est souvent perçu comme un cadeau supplémentaire. Bien qu'il ne soit pas indispensable, il offre une belle occasion de clôturer l'histoire avec satisfaction.

Voyez-le ainsi : après avoir passé des jours, voire des semaines, plongés dans votre récit – à rire, pleurer et encourager vos personnages – les lecteurs ne sont souvent pas prêts à tourner la dernière page. L'épilogue leur permet une transition en douceur après l'intensité émotionnelle du climax. C'est un dernier instant précieux avec les personnages qu'ils ont appris à aimer. C'est comme la cerise sur le gâteau : l'histoire peut se suffire à elle-même, mais elle est encore plus délicieuse avec ce supplément.

Pourquoi inclure un épilogue ?

- **Offrir une clôture :** Résolvez les intrigues secondaires ou répondez aux questions restées en suspens.
- **Projeter vers l'avenir :** Montrez ce que deviennent vos personnages après la fin du récit. Ont-ils trouvé le bonheur ? Ont-ils atteint leurs objectifs ?
- **Raviver l'émotion des lecteurs :** L'épilogue est une récompense pour les lecteurs qui ont investi leur temps et leurs émotions dans votre histoire.

Contrairement au prologue, la longueur de l'épilogue est plus flexible. Il peut être aussi bref qu'une page ou s'étendre sur un chapitre entier. Certains auteur·rices utilisent même l'épilogue pour teaser des suites ou de nouvelles intrigues, selon le genre et le style de l'œuvre.

Prologues et épilogues sont des outils, pas des obligations. Ne les utilisez que s'ils apportent une réelle valeur ajoutée à votre histoire. Un prologue peut instaurer de la clarté ou du mystère, tandis qu'un épilogue peut offrir une clôture ou une satisfaction émotionnelle. Mais si ces éléments semblent forcés ou inutiles, il vaut mieux s'en passer.

Votre but ultime est d'offrir à vos lecteurs une expérience inoubliable – une histoire qui résonnera longtemps après qu'ils auront tourné la dernière page.

L'ORDRE DES CHAPITRES

Comment aborder l'écriture d'un livre ? Faut-il écrire chaque chapitre dans l'ordre où il apparaîtra dans la version finale, ou peut-on sauter à des chapitres ultérieurs pour les insérer ensuite au bon endroit ?

Mon conseil est clair et sans équivoque : **restez dans l'ordre !**

Vos personnages – et votre récit – évolueront naturellement au fil des conflits et des événements. Le personnage que vous décrivez au chapitre 17 sera très différent de celui que vous avez présenté au chapitre 3. Ses émotions, ses pensées, et même ses motivations profondes changeront à mesure qu'il affronte des défis et qu'il évolue. Cette transformation ne touche pas seulement les personnages, mais aussi le ton et l'énergie globale de l'histoire.

Pourquoi écrire hors de l'ordre pose problème :

Sauter en avant peut sembler tentant, surtout si une inspiration soudaine vous pousse à écrire une scène du chapitre 17. Vous vous dites : *Cette scène est parfaite, je n'aurai qu'à l'intégrer plus tard.*

Mais lorsque vous aurez rédigé les chapitres 13 à 16, vous remarquerez un problème majeur : ce chapitre « parfait » ne fonctionne plus.

Pourquoi ?

Évolution des personnages : En arrivant au chapitre 17, vos personnages auront vécu des expériences que vous n'auriez pas pu anticiper en sautant en avant. Leurs émotions, leurs décisions et leurs perspectives seront différentes de ce que vous aviez initialement imaginé.

Richesse des détails : En cours de route, vous aurez enrichi l'histoire avec des éléments supplémentaires – des détails subtils, des intrigues secondaires ou des nuances émotionnelles. Ces ajouts seront absents du chapitre que vous aviez écrit à l'avance, créant des incohérences ou des lacunes.

Rupture du flux narratif : La transition entre le chapitre 16 et votre chapitre 17 pré-écrit risque d'être maladroite. Même avec des révisions importantes, il est difficile de retrouver la continuité fluide qui maintient le lecteur immergé dans l'histoire.

Ce qui semblait être un gain de temps se transforme alors en obstacle, perturbant le rythme et l'harmonie émotionnelle de votre livre.

Une meilleure approche :

Pour éviter cette frustration, résistez à la tentation d'écrire vos chapitres hors de l'ordre. Préférez prendre des notes détaillées sur les idées que vous souhaitez exploiter plus tard. Voici quelques astuces :

- **Dialogues :** Si vous imaginez une conversation spécifique, consignez-la dans un document séparé.
- **Scènes ou concepts :** Décrivez les grandes lignes de l'action, les émotions ou les thèmes que vous souhaitez explorer, tout en laissant une marge d'ajustement pour l'évolution de votre récit.
- **Personnages :** Notez comment vous imaginez que vos personnages agiront ou ressentiront à ce moment-là, mais restez ouvert·e aux changements qu'ils pourraient vivre au fil des chapitres.

Cette méthode vous permet de préserver votre inspiration tout en évitant de vous enfermer dans une version figée d'une scène qui pourrait ne plus correspondre au contexte narratif ultérieur.

Les avantages de l'écriture chronologique

En écrivant vos chapitres dans l'ordre, vous restez aligné·e avec l'atmosphère et le rythme de votre livre. Chaque chapitre découle naturellement du précédent, assurant une cohérence dans le ton, le développement des personnages et la progression de l'intrigue.

Quand vous atteignez le chapitre 17, vous pourrez toujours intégrer vos idées notées plus tôt. Mais cette fois, elles s'adapteront parfaitement au contexte émotionnel et narratif du moment.
Bien sûr, cette méthode peut sembler plus lente au départ. Mais elle vous évitera des heures de réécriture, de corrections ou d'ajustements laborieux pour rétablir la fluidité et la cohérence de votre récit.

Rappelez-vous : écrire un roman, c'est comme entreprendre un voyage. Vous ne pouvez pas sauter directement à la destination sans parcourir le chemin qui vous y conduit. Chaque étape, chaque chapitre, est un maillon essentiel de cette progression.

LA MISE EN FORME

Comment faut-il formater votre livre ? Deux formats principaux sont à considérer :

1. **Format de travail :** Celui que vous utilisez tout au long du processus d'écriture, pour garder votre manuscrit clair, organisé et facile à éditer.
2. **Format de publication :** Celui que vous préparez lorsque votre livre est prêt à être téléchargé sur Amazon ou d'autres plateformes de vente.

Voyons chaque format en détail.

Format de travail

Pendant l'écriture, vos priorités sont la clarté et la lisibilité. Voici les paramètres recommandés pour votre manuscrit :

- **Alignement du texte :** Justifié (aligné à gauche et à droite).
- **Retrait des paragraphes :** Première ligne de chaque paragraphe en retrait de 1,25 cm.
- **Police :** Times New Roman.
- **Taille de police :** 12 points.
- **Interligne :** Double.
- **Numéros de page :** Positionnés en bas de chaque page.
- **Titres de chapitre :** Utilisez le style « Titre 1 » de Word. Personnalisez vos titres via l'option « Modifier » dans le menu des styles pour un rendu cohérent et esthétique. Cela facilitera également la création automatique de la table des matières.

Pourquoi un interligne double ?

Un interligne double améliore la lisibilité, facilite la relecture et la correction des erreurs, et vous permet de localiser plus rapidement des passages précis pendant l'édition.

Des paragraphes courts, c'est mieux.

Des paragraphes trop longs risquent de submerger le lecteur. Privilégiez des paragraphes concis de 2 à 5 phrases. Pensez à un saut de ligne comme une pause naturelle ou une respiration profonde. Les paragraphes courts maintiennent l'intérêt du lecteur et assurent une fluidité dans la lecture.

Format de publication

Une fois votre manuscrit finalisé, vous devrez apporter quelques ajustements pour le préparer à la publication :

- **Interligne :** Passez de l'interligne double à l'interligne simple.

- **Débuts de chapitres :** Supprimez le retrait de la première ligne de chaque chapitre. Seule la première ligne doit être alignée à gauche, tandis que les paragraphes suivants conservent leurs retraits.
- **Ajoutez les éléments préliminaires et annexes :**

Éléments préliminaires :

- Une page de titre avec le titre du livre et votre nom d'auteur.
- Une page de droits d'auteur, incluant les mentions légales et avertissements.
- Une table des matières (générée automatiquement grâce à l'outil de Word).

Éléments annexes :

- Un extrait de votre prochain livre (facultatif).
- Une liste de vos autres ouvrages.
- Une courte biographie de l'auteur.

Nettoyage final

Avant de télécharger votre manuscrit, suivez ces étapes pour éliminer les erreurs de mise en forme :

Étape 1 : Supprimez les doubles espaces

1. Ouvrez l'outil « Rechercher et remplacer » dans Word.
2. Dans le champ « Rechercher », entrez deux espaces.
3. Dans le champ « Remplacer par », entrez un seul espace.
4. Cliquez sur « Remplacer tout » et répétez l'opération jusqu'à ce que Word indique 0 remplacement.

Étape 2 : Supprimez les espaces avant les paragraphes

1. Réouvrez l'outil « Rechercher et remplacer ».

2. Dans le champ « Rechercher », entrez : ^p (cela recherche une marque de paragraphe suivie d'un espace).
3. Dans le champ « Remplacer par », entrez : ^p (cela supprime l'espace après la marque de paragraphe).
4. Cliquez sur « Remplacer tout » et répétez l'opération jusqu'à ce que Word indique 0 remplacement.

Étape 3 : Supprimez les espaces après les paragraphes

1. Réouvrez l'outil « Rechercher et remplacer ».
2. Dans le champ « Rechercher », entrez : ^p (cela recherche un espace suivi d'une marque de paragraphe).
3. Dans le champ « Remplacer par », entrez : ^p (cela supprime l'espace avant la marque de paragraphe).

4. Cliquez sur « Remplacer tout » et répétez l'opération jusqu'à ce que Word indique 0 remplacement.

Votre manuscrit est prêt !

Une fois votre manuscrit correctement formaté et soigneusement relu, vous êtes prêt·e à le télécharger. Que vous publiiez sur Amazon ou une autre plateforme, ces étapes garantiront un livre au format professionnel et conforme aux standards de l'industrie.

RÉSUMÉ

Pour de nombreux auteurs, écrire un résumé peut sembler une tâche intimidante—mais cela ne devrait pas être le cas. Considérez-le comme un défi captivant : l'occasion de condenser votre histoire en quelques phrases qui sauront intriguer et séduire vos futurs lecteurs.

Un excellent résumé synthétise les 3 à 5 premiers chapitres de votre livre et culmine par un crochet percutant—une dernière phrase qui maintient en haleine et laisse les lecteurs impatients de découvrir la suite.

Les éléments clés d'un résumé

Votre résumé devrait inclure :

- **Les protagonistes :** Présentez leur prénom et leur âge pour permettre aux lecteurs de s'identifier rapidement à vos personnages.
- **Le thème :** Quelle est l'idée centrale ou l'émotion principale qui traverse l'histoire ?
- **Un rebondissement surprenant :** Suggérez un événement clé ou un défi majeur qui bouleverse l'équilibre initial.
- **Le crochet :** Une dernière phrase inoubliable qui suscite la curiosité et donne envie d'ouvrir le livre.

Ce que doit être (et ne pas être) un résumé

Un résumé n'est pas un résumé complet de votre livre. C'est un avant-goût—une manière d'attiser l'intérêt des lecteurs et de les inciter à lire les chapitres d'essai. Ces chapitres d'essai comprennent généralement les un ou deux premiers chapitres, alors concentrez-vous sur cet objectif initial.

Gardez-le court et percutant :

Plus votre résumé est court et précis, mieux c'est. Les lecteurs, qui parcourent des dizaines de livres, n'ont pas le temps de lire des descriptions longues. Un résumé efficace, souvent limité à quatre ou cinq phrases, peut se démarquer et retenir leur attention.

Voici quelques conseils :

- **Reflétez la voix de votre livre :** Si votre roman est léger et amusant, laissez transparaître cette tonalité dans le résumé. S'il est sombre et intense, adaptez le langage en conséquence.
- **Favorisez la fluidité :** Votre résumé doit être engageant et narratif, évitez les listes à puces.
- **Créez de la tension :** Employez un langage vivant et adapté au genre pour éveiller l'imagination des lecteurs et leur donner envie de continuer.

Le crochet :

L'arme secrète de votre résumé

Le crochet est l'élément le plus crucial de votre résumé. C'est lui qui reste dans l'esprit des lecteurs et les pousse à cliquer sur « acheter ». Trop souvent, les auteurs concluent leur résumé par des questions prévisibles aux réponses évidentes.

Exemple de crochet faible :
« Sarah réussira-t-elle à surmonter ses préjugés et à tomber amoureuse ? »

Problème : La réponse est évidente. Les lecteurs n'ont pas besoin de lire le livre pour deviner la suite.

Au lieu de cela, proposez un crochet qui stimule la curiosité et échappe aux réponses faciles. Privilégiez des questions ouvertes comme « Comment », « Qui » ou « Quoi ». Vous pouvez également opter pour une affirmation marquante et provocante qui donne envie d'en savoir plus.

Exemples de crochets efficaces :

Une question intrigante
« Comment Sarah gérera-t-elle ses sentiments croissants lorsque la vérité sur son passé menacera de détruire tout ce qu'elle a construit ? »

Une affirmation émotionnelle
« Elle pensait être en sécurité—jusqu'à ce que l'homme en qui elle avait le plus confiance devienne celui dont elle ne pouvait plus s'échapper. »

Écrire un résumé remarquable demande de la pratique, mais ne vous laissez pas décourager. Concentrez-vous sur la création d'une mini-histoire qui capte l'imagination des lecteurs et leur donne juste assez pour attiser leur curiosité. Restez concis, accrochez-les avec du suspense, et laissez transparaître la personnalité unique de votre livre.

Avant tout, souvenez-vous de ceci : votre résumé est la première poignée de main entre votre histoire et vos lecteurs. Faites-en une introduction mémorable, irrésistible et pleine de caractère.

La critique

Autant nous chérissons l'opinion de nos amis et de notre famille, ils ne sont pas les partenaires idéaux pour critiquer nos œuvres. Leur affection pour nous les empêche souvent d'être pleinement honnêtes dans leurs retours. Recherchez plutôt des critiques émanant d'écrivains professionnels—des personnes qui maîtrisent l'art de l'écriture et savent exactement quoi observer dans un manuscrit.

Les règles de la critique !

L'écriture est un métier, et comme tout métier, elle repose sur des règles qu'il faut assimiler. Le talent est une qualité précieuse, mais à lui seul, il ne suffit pas.

Recevoir sa première critique professionnelle peut être une épreuve. Attendez-vous à un choc, peut-être même à quelques larmes—cela fait partie du processus. Une critique approfondie mettra probablement en évidence que votre manuscrit est loin d'être parfait. Il pourra nécessiter des révisions en profondeur, voire plusieurs itérations, avant d'être prêt à la publication.

Voici comment gérer une critique :

1. **Prenez le temps de lire attentivement :** Examinez chaque remarque avec soin.
2. **Prenez du recul :** Accordez-vous quelques heures, voire quelques jours, pour digérer l'impact émotionnel avant d'y revenir.
3. **Revenez avec un regard neuf :** Une fois l'émotion apaisée, analysez les suggestions avec ouverture d'esprit.
4. **Rappelez-vous :** Une critique ne vise pas votre personne, mais votre écriture. La plupart des remarques se concentrent sur les techniques narratives et la structure de

l'histoire, avec pour objectif de vous faire progresser.

Des retours exigeants sont une véritable opportunité !

Certaines critiques peuvent sembler abruptes, et cela n'a rien de négatif. Si quelqu'un souligne un problème récurrent, c'est qu'il souhaite sincèrement vous aider à grandir en tant qu'écrivain. Prenez le temps de réfléchir à chaque suggestion, mais souvenez-vous : vous restez le dépositaire de votre livre.

Vous n'êtes pas tenu d'accepter tous les retours. Si une remarque ne résonne pas ou ne correspond pas à votre vision, faites confiance à votre instinct. Votre écriture doit rester fidèle à votre voix. Considérez les critiques comme une trousse à outils pour perfectionner votre travail—pas comme une injonction à le remodeler selon le style d'un autre.

Partenaires de critique

Le partenaire de critique idéal :

- Est un écrivain, de préférence dans le même genre que vous.
- A un niveau égal ou supérieur au vôtre.
- Respecte votre voix et votre style.
- Privilégie le professionnalisme à l'amitié.

Comment trouver un partenaire de critique :

- Rejoignez des groupes d'écrivains sur Facebook ou d'autres communautés d'écriture.
- Créez votre propre groupe de critique, en échangeant des chapitres pour des retours.
- Faites un test en échangeant un ou deux chapitres pour évaluer votre compatibilité.

Trouver le partenaire de critique parfait revient à trouver un partenaire de vie idéal—cela exige patience, compromis et confiance. Lorsque vous trouvez quelqu'un qui vous pousse à vous dépasser tout en restant constructif, il est précieux comme l'or.

Pourquoi vous avez besoin d'un partenaire de critique

Même les auteurs chevronnés bénéficient d'un regard neuf. En tant que créateur, vous connaissez trop intimement votre histoire pour repérer ses failles ou ses incohérences. Un partenaire de critique offre une perspective extérieure, en soulignant ce qui fonctionne et ce qui doit être amélioré.

Les partenaires de critique ne coûtent rien d'autre que du temps, et leurs bienfaits sont inestimables. De plus, ils célébreront vos succès avec vous—et un peu de reconnaissance fait des miracles pour l'âme d'un écrivain.

LE SYNDROME DE LA PAGE BLANCHE

Cela arrive à tout le monde.

Le syndrome de la page blanche peut survenir à tout moment, et il n'existe pas de remède universel. La clé est de comprendre ce qui l'a provoqué et de trouver une manière de le surmonter.

Relâchez la pression !

Souvent, le blocage provient du stress ou d'une pression que vous vous imposez à vous-même. Lorsque cela se produit, éloignez-vous de votre manuscrit et concentrez-vous sur une activité totalement différente. Voici quelques idées :

- Faites les magasins.
- Réaménagez votre espace d'écriture.
- Faites le ménage.
- Passez du temps avec vos amis.
- Travaillez sur le marketing d'un autre livre.

L'objectif est de décompresser. Écrire sous tension donne rarement les meilleurs résultats.

Faites confiance au processus !

L'écriture fait partie intégrante de votre être. Si elle est ancrée en vous, elle reviendra lorsque le moment sera opportun. En attendant, concentrez-vous sur le moment présent et savourez-le.

Rappelez-vous : le syndrome de la page blanche n'est pas la fin de votre créativité—ce n'est qu'une pause. Accordez-vous le temps de vous reposer, de vous ressourcer et revenez à l'écriture lorsque l'inspiration frappera à nouveau.

CORRECTION

Lors de la finalisation de votre manuscrit, deux services essentiels entrent en jeu : l'édition et la relecture.

Édition

Si vous débutez et que vous ne disposez pas d'un partenaire critique expérimenté — un autre auteur capable d'affiner votre manuscrit au fil de l'écriture — engager un éditeur professionnel est une étape incontournable. Ce dernier se penche sur votre manuscrit pour :

- **Problèmes d'intrigue** : repérer les incohérences ou les problèmes de rythme narratif.

- **Style** : améliorer le flux et la tonalité globale de l'œuvre.
- **Dialogues** : s'assurer qu'ils sonnent naturels et correspondent aux personnalités des personnages.
- **« Montrer au lieu de raconter » : identifier les passages où remplacer une narration plate par des descriptions vivantes et immersives.

L'édition est un processus approfondi et transformateur qui touche aux mécaniques fondamentales de la narration. Bien que son coût oscille entre 3,50 et 6,50 € par page standard, il s'agit d'un investissement indispensable pour quiconque aspire à devenir auteur professionnel. Rappelez-vous qu'un manuscrit mal édité peut entacher votre réputation, notamment en autoédition, où les premières impressions sont cruciales.

Relecture

La relecture se concentre exclusivement sur la correction des erreurs d'orthographe, de grammaire et de ponctuation. Elle est généralement moins coûteuse que l'édition, avec des tarifs allant de 2,50 à 4,50 € par page standard.

Avant de choisir un éditeur ou un correcteur, considérez les points suivants :

- **Négociez sans compromettre la qualité** : il est tout à fait acceptable de demander une remise, mais ne basez pas votre décision uniquement sur le prix.
- **Vérifiez les qualifications** : assurez-vous que l'éditeur ou le correcteur possède un diplôme pertinent (par exemple, en langues, littérature ou linguistique).
- **Demandez des échantillons** : sollicitez 3 à 5 pages standard corrigées pour évaluer leurs compétences. Fournissez un texte brut et

non corrigé pour juger de leurs capacités réelles.

- **Comparez les échantillons** : analysez chaque retour et choisissez l'éditeur dont le travail résonne le plus avec vous. Faites confiance à votre intuition, pas seulement au tarif.
- **Prenez soin du résumé** : votre résumé est aussi important que le manuscrit. Veillez à ce qu'il bénéficie du même niveau d'attention professionnelle avant la publication.

Lettre de soumission

Rédiger une lettre de soumission est un art qui consiste à présenter votre manuscrit à un éditeur ou à une agence littéraire. C'est l'occasion de faire une excellente première impression, et chaque détail compte.

Comment rédiger une lettre de soumission réussie

1. **Salutation personnalisée** : adressez la lettre directement au destinataire en mentionnant son nom.
2. **Introduction ciblée** : expliquez pourquoi vous soumettez votre manuscrit à cet éditeur ou à cette agence en particulier. Soulignez ce que vous admirez dans leur travail, leurs auteurs ou leur spécialisation.

3. **Ton professionnel** : restez poli et soigné. Vous pouvez intégrer une touche personnelle, mais évitez tout ton trop familier.
4. **Présentation concise** : résumez votre livre en une ou deux phrases. Réservez une description plus détaillée pour le synopsis.
5. **Transparence** : si vous soumettez à plusieurs agences, il est acceptable de le mentionner. Cependant, ne citez pas les agences ayant déjà rejeté votre manuscrit.
6. **Relecture minutieuse avant l'envoi** : des erreurs dans votre lettre de soumission peuvent compromettre une candidature autrement excellente. Assurez-vous qu'elle soit impeccable.
7. **Suivi rigoureux** : tenez un registre précis des lieux et dates d'envoi de vos lettres de soumission pour éviter les doublons.
8. **Pas de réenvois** : une fois votre lettre envoyée, résistez à l'envie de la modifier ou de la renvoyer. Cela pourrait sembler non professionnel.

Le timing est crucial !

Évitez d'envoyer vos lettres de soumission juste après des événements majeurs de l'industrie, comme les salons du livre de Leipzig ou Francfort, ou pendant la période des fêtes. Ces moments sont souvent chargés pour les agents et éditeurs, réduisant vos chances de recevoir une réponse attentive.

Pseudonyme

Un pseudonyme est un nom d'auteur alternatif que vous pouvez utiliser si vous préférez ne pas publier sous votre véritable identité.

Devriez-vous utiliser un pseudonyme ?

Le choix d'utiliser ou non un pseudonyme repose entièrement sur vos préférences et votre situation personnelle.

Publier sous votre vrai nom : si vous êtes fier de votre nom et souhaitez vous associer ouvertement à votre travail, il n'est pas nécessaire d'adopter un pseudonyme.

Adopter un pseudonyme : si vous écrivez dans un genre tel que l'érotisme ou un domaine de niche, et que vous hésitez à être publiquement associé à vos œuvres, un pseudonyme peut offrir une certaine tranquillité d'esprit.

Vous pouvez aussi choisir un pseudonyme simplement parce que vous aimez l'idée ou qu'il reflète mieux votre identité créative. Quelle que soit votre raison, considérez les points suivants avant de prendre votre décision.

Comment choisir le bon pseudonyme

Privilégiez un nom qui vous parle

Choisissez un pseudonyme qui vous semble authentique, un nom avec lequel vous pouvez vous identifier sur le long terme. Plus il est proche de votre vrai nom ou d'un élément qui a du sens pour vous, plus il sera facile à adopter. Certains noms qui semblent excitants au départ peuvent perdre de leur attrait avec le temps, alors prenez votre temps.

Testez votre pseudonyme

Avant de vous engager, créez une maquette de couverture de livre avec le pseudonyme choisi. Utilisez une image simple qui ressemble à une vraie couverture et placez votre pseudonyme en lettres majuscules, en haut ou en bas. Conservez la maquette et observez-la régulièrement pendant quelques semaines. Si le nom vous parle toujours après cette période, c'est un bon choix. Sinon, essayez un autre pseudonyme et répétez le processus.

Un pseudonyme est plus qu'un simple nom : il devient une partie de votre identité d'auteur. Que vous en adoptiez un pour des raisons de confidentialité, de stratégie de marque ou d'expression créative, prenez le temps de faire un choix mûr et réfléchi.

Réseaux sociaux

En tant qu'auteur, trois éléments essentiels vous permettent de construire votre marque et de tisser un lien authentique avec vos lecteurs :

- **Votre site internet**
- **Votre blog**
- **Vos profils sur les réseaux sociaux**

Chacun de ces outils a une fonction bien précise et, lorsqu'ils sont utilisés avec finesse, peuvent non seulement élargir votre lectorat mais aussi renforcer votre présence en tant qu'auteur.

1. Le site internet

Votre site internet représente votre base principale, votre espace professionnel et statique où les lecteurs peuvent accéder facilement à toutes les informations essentielles vous concernant. Pour être complet, votre site doit impérativement répondre aux questions suivantes :

- **Qui êtes-vous ?** Rédigez une biographie concise, mais captivante, qui reflète votre parcours et votre personnalité.
- **Quels sont vos ouvrages ?** Fournissez une liste exhaustive de vos livres avec des liens directs pour les acheter.
- **Comment vous contacter ?** Intégrez un formulaire de contact ou une adresse email dédiée.

Une fois ces fondamentaux établis, vous pourriez enrichir votre site avec les éléments suivants :

- **Une page FAQ :** Répondez aux interrogations fréquentes, qu'il s'agisse de votre processus créatif ou de vos inspirations littéraires.

- **Des contenus exclusifs :** Offrez à vos lecteurs des bonus tels que des scènes coupées, des anecdotes sur vos personnages ou encore des extraits inédits.
- **Une page d'actualités :** Informez vos lecteurs de vos prochaines sorties, événements ou collaborations.
- **Une intégration fluide de votre blog :** Si vous en avez un, faites en sorte qu'il soit facilement accessible depuis votre site.

Rendez-le attrayant : Le design de votre site doit être en adéquation avec l'univers de vos livres et votre identité d'auteur. Évitez les contenus génériques ou inutiles. Chaque page doit avoir un objectif précis et répondre à une attente du lecteur.

Astuce professionnelle : Investissez dans un nom de domaine personnalisé. Une URL gratuite qui inclut le nom du fournisseur (ex. : alicebuttercup.wordpress.com) peut nuire à votre image professionnelle. Avec un coût annuel modeste (entre 30 et 50 €), un domaine personnalisé garantit une présentation soignée et crédible.

2. Le blog

Un blog constitue une plateforme dynamique pour échanger avec vos lecteurs et partager vos actualités en temps réel. Certains fournisseurs, comme WordPress, incluent cette fonctionnalité ; si ce n'est pas le cas, créez un blog séparé (ex. : sur Blogspot) et liez-le à votre site.

Que publier sur votre blog ?

- Partagez vos réflexions, vos inspirations ou vos humeurs du moment.
- Annoncez vos projets, vos sorties à venir ou vos événements.
- Faites monter l'attente autour de vos livres avec des révélations de couvertures, des résumés ou des teasers captivants.

À quelle fréquence poster ?

L'objectif est de publier tous les 2 à 4 semaines, mais sans forcer. Il vaut mieux privilégier la qualité des publications à leur fréquence.
Si un post particulièrement engageant reste visible plus longtemps, cela peut même renforcer l'intérêt de vos lecteurs.

Rappel important : Un blog est un outil à votre service, pas une contrainte. Publiez lorsque vous avez quelque chose de pertinent ou d'intéressant à partager, et non par obligation.

3. Facebook, Instagram et TikTok

Les réseaux sociaux sont des outils puissants pour établir une connexion directe avec vos lecteurs. Ils vous permettent de dialoguer avec eux, de nourrir votre communauté et de promouvoir vos œuvres de manière créative.

Facebook :

- Créez une page officielle distincte de votre profil personnel. Cette page, publique, constitue votre vitrine professionnelle.
- Publiez des mises à jour régulières, participez à des discussions et organisez des concours ou des tirages au sort.
- Maintenez un ton positif et accueillant. Évitez les polémiques, les prises de position personnelles ou les interactions négatives. En cas de commentaire inapproprié, supprimez-le sans répondre.

Instagram et TikTok :

Ces plateformes centrées sur le visuel sont idéales pour mettre en valeur votre créativité. Publiez des contenus tels que :

- De belles photos de vos livres, de votre espace de travail ou des lieux qui vous inspirent.

- Des coulisses de votre processus d'écriture, qui donnent une dimension plus intime à votre travail.
- Des vidéos courtes et ludiques pour promouvoir vos livres ou partager vos réflexions.

Conseils pour engager votre communauté :

- Posez des questions ou organisez des concours pour susciter l'interaction.
- Variez les récompenses lors des tirages au sort : au-delà des livres dédicacés, pensez à offrir des objets thématiques ou des surprises personnalisées.
- Simplifiez les règles de participation, surtout pour les nouveaux lecteurs. Par exemple, proposez des tâches légères et amusantes plutôt que d'exiger l'achat d'un livre.

Soignez vos publications : Relisez attentivement vos textes avant de les partager. Une faute d'orthographe ou une maladresse peut ternir votre image. Si vous repérez une erreur après publication, corrigez-la rapidement grâce à la fonction d'édition.

Gérez votre temps : Ne laissez pas les réseaux sociaux empiéter sur votre créativité. Limitez-vous à quelques plateformes bien choisies et privilégiez la qualité de vos interactions à la quantité.

Le piège des 'likes' :

Il est facile de se laisser obséder par le nombre de "likes" ou d'abonnés. Pourtant, ces chiffres ne mesurent pas votre succès. Concentrez-vous plutôt sur l'élaboration de contenus authentiques et enrichissants.

Ne jamais acheter des 'likes' : Cette pratique nuit à votre crédibilité. Les lecteurs remarqueront rapidement si vos abonnés sont nombreux mais peu engagés. L'authenticité reste votre atout le plus précieux.

Les réseaux sociaux, s'ils sont utilisés à bon escient, peuvent devenir des leviers extraordinaires pour tisser un lien unique avec vos lecteurs et asseoir votre marque d'auteur. Avec un site internet professionnel, un blog vivant et une présence active sur des plateformes clés comme Facebook, Instagram et TikTok, vous pouvez élargir votre audience tout en cultivant une image fidèle à votre univers.

L'essentiel : Trouvez le juste équilibre. Ces outils doivent enrichir votre carrière d'auteur sans jamais détourner votre énergie créative.

SAUVEGARDE

Perdre des mois de travail à cause d'une panne d'ordinateur, d'un vol ou d'un imprévu tel qu'un incendie domestique est le cauchemar absolu de tout auteur. Pour vous prémunir contre cette épreuve dévastatrice, il est primordial de sauvegarder vos fichiers dans plusieurs lieux, idéalement deux ou trois fois.

Voici une stratégie de sauvegarde fiable et simple à mettre en œuvre :

- **Sauvegarde locale sur votre PC** : Créez un dossier spécialement dédié à votre manuscrit et enregistrez-y tous vos fichiers régulièrement.
- **Disque dur externe** : Effectuez des copies régulières de vos fichiers sur un disque dur

externe pour ajouter une couche de sécurité.

- **Sauvegarde hors site** : Une fois par an, je transfère mes fichiers sur un disque dur externe que je dépose chez ma mère, située à 300 kilomètres de chez moi. Cela garantit qu'une copie sécurisée de mon travail reste accessible, même en cas de sinistre affectant mon matériel à domicile.
- **Sauvegarde par e-mail** : Envoyez vos fichiers en pièce jointe via e-mail. Conservez vos manuscrits, couvertures et autres éléments essentiels dans vos brouillons ou dans un dossier dédié. Ainsi, quel que soit le problème rencontré avec votre matériel, vous pourrez toujours récupérer vos sauvegardes depuis n'importe quel appareil connecté.

Un système aussi simple peut vous éviter bien des regrets en cas d'imprévu.

Conseil d'expert : Lorsque vous partagez votre manuscrit—que ce soit un livre complet, un chapitre isolé ou des documents annexes—privilégiez toujours l'e-mail plutôt qu'une application de messagerie. Les plateformes de messagerie ne garantissent ni la sécurité de vos données ni leur intégrité, ce qui pourrait conduire à des pertes ou des accès non autorisés.

BONNE CHANCE !

Et voilà, nous y sommes ! J'espère que ces conseils et astuces vous inspireront et vous accompagneront dans votre aventure d'écriture. Avec du temps, de l'entraînement et de la persévérance, vous verrez que ce processus, bien qu'exigeant, est loin d'être insurmontable.

Rappelez-vous : ne baissez jamais les bras. Concentrez-vous sur votre objectif et avancez à votre rythme, étape par étape.

Je vous souhaite désormais un voyage d'écriture empli de plaisir, de créativité et de succès. Que votre premier bestseller voie bientôt le jour !

De la même autrice :

LES CŒURS EN JEU

Magnifique Désastre

Cœurs en Hors-Jeu

Catastrophe d'Amour

Un Bad Boy pour Sue

Cœurs Liés par un Défi

*

Le Pari Impossible

Ce Chaton a des Griffes

CRUSHED HEARTS

Défier les règles

Dépasser mes limites

Gagner ta confiance

L'AMOUR DANS LA NEIGE

Compter les lucioles

Tu étais mon éternité

*

Dix-sept papillons

ADVENTURES IN NEVERLAND

Neverland

Pan's Revenge

À PROPOS DE L'AUTRICE

Anna Katmore vit dans un monde enchanteur qui lui est propre, qui ne laisse entrer que ceux qui sont prêts à abandonner toute logique et tout rationalisme. Mais attention, si vous osez franchir cette porte, vous ne voudrez plus jamais en repartir...

Disney est sa grande inspiration et si elle le pouvait, elle sauverait le monde de lui-même. Son Patronus est un loup, et sa baguette la brindille cassée d'un pommier de 30 cm de long avec un noyau de cheveux de licorne. Des paillettes sur ses chaussures sont indispensables, mais elle n'est pas intéressée pas les pantoufles en verre de Cendrillon. Trop risqué que quelque chose ne se casse...

Pour plus d'informations, veuillez visiter son site internet : www.annakatmore.com

www.ingramcontent.com/pod-product-compliance
Lightning Source LLC
LaVergne TN
LVHW091116150826
845673LV00002B/858

* 9 7 9 8 2 3 0 9 8 7 0 5 5 *